魔力四射

如何打动、亲近和影响他人

[美]帕特里克·金 著

田坤　宗丹 译

天津出版传媒集团

天津人民出版社

MAGNETIC

HOW TO IMPRESS,

CONNECT,AND INFLUENCE

目 录

导言

我们身边或多或少都有这样的人。

他们也许只是站在房间中央，抑或是悠闲地靠墙而立，但不可否认的是，他们身上似乎有什么魔力，在吸引你靠近。

一直以来，这种魔力都很难被量化，但现在，就让我们来一起检验——它在现实生活中究竟是怎样发挥作用的？

我有一位叫罗纳德的客户，他经营着一间有 25 位员工的实体店。事实上，他并不是一个受欢迎的管理者，而他自己对此却毫无察觉。他不算惹人厌，但脑子里只有工作，从不容许自己和下属有一点享乐和闲谈，他的员工对他这点颇有微词。

对罗纳德来说，不清楚他的员工是否结了婚、有没有孩子、住在哪里都再正常不过了。员工们早已习惯于回避他，也乐于接受这样一个不干涉他们私人生活的管理者。

关于工作上的问题，罗纳德更是出了名的不好沟通，因为他对于一切问题的解决方法都是“管用就行”。罗纳德这种“巧妙”避开一切的本领，真是应了员工们给他起的“斗牛士”的绰号。

开始与罗纳德一起工作之后，种种迹象都为我们呈现了一个这样的管理者形象：他不在乎与别人建立密切联系，认为这种互动是毫无必要的，也对提高工作效率没有任何帮助。这并不是说，他是一个坏人，事实上，若非极为愤怒的时候，罗纳德算得上相当善解人意。他只是没能透过一棵树木看见其后的整片森林——吸引力和号召力能为他的工作与生活带来的巨大收益。

罗纳德的改变是迅速而惊人的。我们教给他大量可行且巧妙的有关人际交往和提升号召力的技巧，其中许多重点我们都列在本书中。而更为重要、同时也被罗纳德自己视为转折点的是——我们教会了他一种全新的思维方式,让他学会以充满好奇心、爱心及积极的态度看待周围的一切。

这是一次使整个人产生共鸣的全新改变,它使罗纳德生活中小到“你好”“再见”这样的寒暄语气,都变得不同。罗纳德尝试着用心去了解他的每一位员工，他们的家庭、宠物、所受的教育、成长环境,甚至是他们最喜爱的食物、周末活动、心情是否愉快,等等。

有意识地对自己的思维方式做出改变的结果是,当别人遇到困难时,罗纳德变得更加友善和通情达理。同时,这也是一种以更亲密的方式去了解他人的成果。最终,他学会了如何通过快速找到问题根源来解决矛盾。

罗纳德告诉我们,他的员工工作状态更好了,他们变得更有主动性,整个团队也变得很有凝聚力。最重要的是,他发现他的店铺盈利直线上升,他崭新的处事态度不断得到渗透,并一天天地在他的员工身上体现出来。

好一次脱离暴君主义的飞跃,或许值得商榷,但事实却证明它相当有效。

而学会保持吸引力的技巧——即本书提及的“魔力法则”,对于成功至关重要。它教会我们如何吸引他人,与他人建立紧密联系,并最终对他们产生深刻影响。技术层面的技巧是可以挖掘的,并且对于大多数人来说习得十分容易。然而,在人际交往中适当运用它们、并让自己左右逢源……事实上从未有人明确地教导过我们这些。

因此,缺乏这种能力,导致大多数人没能到达他们在事业与人际关系上真正想要的位置。

你的老板和上司并非一定是最熟悉本职工作的人……事实上,提拔他们而不是提拔你很少源于此。那些在办公室政治中胜出的人,绝非最佳的执行者。

让你最花心思的人未曾救你于水火,而你却好像更喜欢他们。你身边是否有朋友总是吹嘘着他们凭借一条如簧巧舌脱离困境?那可不是因为他们能操控别人的思想。

我的重点在于，无论是专业事务或是人际关系上,与人沟通的技巧和魅力的重要性可能更甚于其本身。以自己为例,作为一名恋爱和社交技巧老师,你会认为我引以为豪的,正是在与他人的即时沟通中能做到魔力四射。你猜对了。因此,我更要生动地来证明这些技巧在决定破或立、贫或富、死或生上是多么富有成效。

《魔力四射:如何打动、亲近和影响他人》这本书,来源于我长年累月地教授社交和恋爱技巧,及观察人们之间互动的成果。我将有关魅力和号召力的基本内容简化为以下 20 个法则——也许其中个别听起来有些复杂,但良药苦口利于病。在某些层面上,互动是一门科学,我们每个动作都会引起他人的一个回应。这些是长久以来,我通过分析对话和互动带给你的宝贵积累。

因此,与我开头所说略有矛盾的一点是,我毫无疑问地量化了给人们带来魔力的方法。这本书绝非仅是一些随处可见的小窍门的集合。

你将学到将罗纳德引向成功的整个思维方式。你的魅力和号召力将令人无法抵挡。你还会学到如何利用这些新技能,并用它们来拓展你的事业、生活和人际交往。甚至,你可能通过它们,找到你理想的另一半。

经过对魅力和吸引力全面地学习和理解，几乎生活中你想要的一切都能成功获得。它使得一切通向成功的大门都或多或少地向你敞开，无论你完美与否。

魔力法则就像是润滑剂或阶梯，它将会为你指引到达世界任何角落的途径，只要你如饥似渴地学习它，聪明地使用它。

最后的叮嘱——通过阅读来学习只是第一步，不付诸行动的学习只能让你原地踏步。及时并不时翻阅这本书吧，我期待着你在现实中的经历，将能更好地证明这些“魔力”。

祝你成功！

魔力法则1 迎合人们的自我认知

每个人脑海中都有一个理想的自我形象,这与它是否准确无关。

抛开准确性这一点来谈,人们往往喜欢将自我印象不断强化,并使之根深蒂固。

事实上,这是人们主观认知和个性方面的一个重要组成部分,它们是一种必要且健全的防卫机制。倘若自身缺乏稳固、积极的心理印象建设,我们将可能会产生动摇与怀疑的情绪。并且,因为人们的自我认识有极强的主观性,准确性就显得不那么重要了。

举一个简单的例子,假设你自觉经常锻炼、身形挺拔迷人,当他人提及你的肱二头肌健硕甚于常人,或是你穿着牛仔裤多么引人注目时,你心里自然会倍感愉悦。你很享受他人对于你健身效果所给予的积极评价。

而当你学会逢迎人们自认的理想形象时,就像是学到了打开最坚硬的果壳的技巧一般。因为,没有人能抵抗他人以一种最亲切和直击内心的方式,来唤醒与抚慰自己的内在灵魂。举例来说,当我们对自己的外貌做出了一点小改变、而在犹豫是否合适时,旁人的适时赞美,无疑会使你感觉棒极了！这正是对于你的作为的一种肯定。

当你成功迎合了他人的自我认知时,你将注意到以下三点。

首先,你会成为众人眼中的焦点。你将被认为是一个才思极为敏捷,却又不失决断力的大人物……人们会因为你深入了解到他们的内心,而对你盛赞不已。这也正是我们会被占星术和算命者挑起兴趣的主因——抛开那些投机取巧的内容,我们常不由自主地感觉,他们在观察和审视着真实的自己。

其次,人们会比你想象中的更加愿意敞开心扉。事实上,人人都喜欢谈论自己(同时更喜欢自我吹嘘),而你只是巧妙地激起他们表达自我的愿望,促使他们打开话匣子罢了。

最后，你将能够引导人们进一步加强自我认知。我们再拿之前的健身来举个例子。你热爱健身的朋友也许会想象自己已是一位健身专家，并随时期待着一个能分享和炫耀他的健身之道的好机会……而一旦时机成熟，他必将在健身房帮助和指导你的动作（正因他如此强壮），抑或是以其他方式来展示他的非凡体魄。

最复杂的问题，是如何准确捕捉人们的自我认知。有以下几个简单突破口：

1.看他们如何打发时间。

2.了解他们喜欢谈论的话题。

3.认识他们的优点和长处，以及自以为傲的地方。

这些其实并不难发现。

同理，倘若你批评了人们的自傲处，就会对他们的自我认识造成致命打击……他们将拼命地去捍卫自身形象。假设你对一位热衷于健身的朋友发表他身材臃肿的戏言，并玩笑般问他是否知道健身房在哪儿？他将怒不可遏。

MAGNETIC

魔力四射

人们都喜欢同肯定自我、并让他们感觉愉快的人做朋友。成为这种人的关键,则是对他人引以为傲的个性、形象等表现出一种积极、好奇的心态。

如果能避免露骨地阿谀奉承，又能巧妙地引出话题，毫无疑问,通过一点一滴的练习,你会变得更加“魔力四射”。人们将会在不自觉中被你的谈话方式所吸引,这同时也是本书重要的理论基础之一。

魔力印象:由内而外,她真的非常了解我整个人!我们轻而易举就能对彼此心领神会,这一定是命中注定的好友之缘!

魔力法则 2　回到谈话的高潮

让我们用一个简单的例子,开始这个法则的讲解。

假设你正在同一个熟人聊些有关狗的话题,然后她说了一个关于贵宾犬的有趣笑话。你笑了,你很喜欢这个笑话,你对此谈笑风生,一切都进行得顺理成章。

而在接下来的谈话中,她提到了她对于巧克力的喜爱……然后你说假如她是只贵宾犬的话,这就不太可能发生,因为狗理所当然地无法消化巧克力。你会发现她的眼神一下子亮了起来。

举出这个例子的意义何在呢?我想强调的是一个与之密切相关、并简单易行的法则。

下面就让我来告诉你,当你能在对话中引入之前谈及的重点内容时,将收获怎样的神奇效果吧。

这种做法能自然而然地给别人留下机智、有趣的印象,因为这正是喜剧演员们根据观察所发现并经常使用的一种幽默方式。

你的谈话对象会觉得在整个交谈过程中,你都在全神贯注地认真听取他所说的内容。

这同时显露出,在特别关注谈话内容的基础上,你亦进行了深层次的思考,这会让他们备受鼓舞。人们总会喜欢那些喜欢他们的人,反之亦然。

最终,你成功创造了这样一个仅限于你们二人之间的幽默一刻,而它立刻拉近了你与对方的距离。某些时候,这类笑话可能需要考量;但它通常相当有效,因为它就像一条纽带一样紧紧联系起你和谈话对象,甚至他们的另一半都无法涉足。

仅凭一个笑话、一句点题的话、一个观点就能达到如此不可思议的效果?答案毫无疑问是肯定的。正是出于对细节的关注,开始让你变得极具吸引力。因为对于他人来说,与你交谈意味着一系列愉快的体验,同时,也可让他们收获更良好的自我感觉。而当你作为一个有吸引力的人来建立个人声誉和资本时,便不易失败。这种做法几乎没有任何坏处。

所以在对话过程中，请记住至少几个谈话的要点,并试着在之后的交谈中重新提及。

同时，试着注意谈话高潮是怎样使气氛变得更热烈的,无论那是一个笑话,抑或是一个八卦。哪些内容引起了最多欢笑、最热烈的反响,或是满腹的牢骚和厌恶的情绪?记住这些重点,而当你之后重新提起它们时,定会收获更多关注。

魔力印象:这个人非常机智,他清楚记住了我之前所讲的内容。他一定对我很有兴趣!同时他也是如此幽默有趣,和他交谈真的十分愉快。

魔力法则 3　善用身体接触

某种程度上，我们就像马儿一样。它们喜欢戴着蹄铁自由奔跑，而我们也喜欢穿着鞋子四处游荡。特别是在感到饥饿时，我们都尤为享受那大快朵颐的满足感。

更为关键的是，当一匹马儿感到害怕或不安时，最好的抚慰方法就是去轻柔地碰触、抚摸它。

当然，我不建议你为了博得人们的好感，而对周围认识的所有人都刻意为之……事实上，不恰当的身体接触很可能会造成反效果，你可不想因为骚扰罪而被送进警察局。我的初衷在于强调：如何去正确、明智地运用身体接触这一法则来影响他人，使他们很快记住你。

以生物学角度阐述，当你与别人肌肤相触时，即使只是指尖那般细微的程度，一种叫作后叶催产素（脑下垂体后叶荷尔蒙）的激素将被分泌释放。它同时也被人们称为

“情感荷尔蒙”,因为它往往会使人产生亲近和移情作用,并加倍地去依恋、喜爱对方。就像是母亲和新生儿之间的互动那样——而你只需要了解到这些基本知识，就足为己用了。

学习如何恰到好处地运用身体接触,将会极大缩短两人之间的感官距离,使你和对方产生一种妙不可喻的化学反应。倘若你意指吸引对方注意、并留下良好印象,领会这一方法将使你收效颇丰。

而抛开生理层面来讲,身体接触也蕴含着心理与精神层面的深刻含义。

普通朋友间不常会有身体接触，但若是至交之情,这种亲密的氛围就显得非常自然、合理了,甚至你无须察觉已置身其中。

那些充满自信、勇往直前的人们,往往对运用身体接触以打破距离感更为得心应手。而随着学习与不断尝试,你也会逐渐给人留下这种好印象。

特别是领导阶层,都很擅长使用身体接触来表达强调之意,你也可以成为他们中的一员。

而最终，你将能够轻松卸下人们冰冷或客气的假面具,与他们更加亲近、融洽。

借由适当的触碰,你会带给人一种温暖、友善、积极、乐观和充满魅力的印象……这也是本书的重要目的之一。试着回忆一下，上一次有人以触碰向你传达肯定之意时，是多么美妙又鼓舞人心的体验。

而只要运用得当，你甚至也同时习得了巧妙优雅地化解冲突和矛盾的能力。事实上,对大多数人来讲,身体接触都能带来尤为特别的舒适与亲近感，令他们留下深刻印象。

经过上述讨论后,现在是时候来一些关于如何行动的实际教学,看看如何巧妙把握侵犯他人隐私与适当身体接触之间的界线。

应该熟练掌握的方法：把你的手轻放在他人肩头,与他们的手臂外侧接触，手掌摊开或是握成拳状，同时，将你的手臂环在他们肩膀上，用你的前臂轻推他们。

这些动作虽小，却能带来大改变。把它们列在这儿的主因，是源于它们既自然又无伤大雅，对任何人或性别来讲，这些动作都不会产生歧义。它们没有任何侵略性的隐意。

补充说明：先保持短暂的轻触，在行动的同时学会观察、理解对方的反应，在对话进行到精彩之处时，一定要用身体接触给予对方充分肯定，不要显露出犹豫。同时，也应考虑对方的接受程度，避免太多或过分的身体动作。

据我了解，很多人起初都不愿意尝试身体接触。但我们必须明白，这种不适只是源于害怕过多地将自己暴露在他人面前，或是不尊重个人空间罢了。事实上，你只需鼓起勇气，让自己内心的社交小巫师行动起来，用一种友善、积极的心态和思维方式去不断熟悉它即可。身体接触这一行为本身，并没有任何不妥，而你也必将惊讶于人们对你的触碰所给予的殷切回应。但倘若你不去努力尝试，又如何能知晓结果，品尝成功的喜悦呢？

现在，就请你试着融会贯通、羽化成蝶、破茧而出吧！这正是本书的意义所在。如果你一方面希望能有所改变，另一方面却安于现状、犹疑不决，那我就要给你敲响警钟了！

魔力印象：在我说完后，他立刻轻拍我的臂膀以示肯定，谈话氛围也一下子变得更加融洽，这简直让我感觉在同一位老友欢谈！

魔力法则 4

有时，最好的提问方式是沉默

谢天谢地，并非人人都是话匣子。如果世界上没有倾听者、思考者和唯命是从者，那么每个人就都只会争先恐后地抢夺开口说话的机会。

好在只滔滔不绝地讲话远不够成为一个魔力四射的人。

事实上，很多时候，有技巧的沉默和适当的停顿，能出乎意料地帮你打开他人的话匣子。

首先，适时地利用沉默，将能为他人制造大量关于你的积极印象。沉默预示着你是个自信的人，无论尴尬与否，你都不急于用不停说话，来填满每一个谈话间隙。大多数人都倾向于用“嗯”或其他语气词来填充谈话空白，这其实是出于他们与生俱来的对于沉默的不适感，以及对于可能被他人评价为无趣的恐惧感。

魔力法则 4

有时,最好的提问方式是沉默

你可以用一种更为自然的交流方式来打破这种模式。试着从容自在地应对沉默,舒缓因需要不断接话而带来的紧张感。

你越是从容处事，越能让他人感受到你的镇定自若。最终,恰如其分的沉默可以让人们对你产生相见恨晚的感觉,并愿意对你倾诉任何事。(反之,自然是产生了彼此间更强烈的距离感。)

与此同时,你营造了一种轻松的氛围。在这里,人们无须不断对彼此的话语做出试探与判断，这也相应地减轻了不断说话所带来的紧张感,让人们能在更真实、自然的气氛下交谈。从某种意义上来说,你一下跨越了人际关系阶梯中的好几层，因为通常只有好朋友之间才有所谓自在的沉默。想想你认识的那些已相处多年的夫妇。他们无须不停地说话,强迫彼此用声音填满每分每秒。他们花时间享受平静的呼吸和话语间的沉默，两人的感情也因此更加牢固。

接着,基于你用从容而恰当的沉默为自己营造的积极印象,试着将谈话引向一个对你有利的方向。

MAGNETIC

魔力四射

恰当的沉默在谈话中扮演着一个类似坏人的角色，它就像一个黑洞，不断将谈话对象吸进去。然而，你的谈话对象并不会因此感到不适，他们会觉得自己被期待着，他们会滔滔不绝，而你甚至不用开口提问就可以从中得到你想要的。如果你能恰当运用沉默，并抵御住因害怕尴尬而不断说话的冲动，你们的谈话将从容而轻松地进行下去。

你的谈话对象将试图打破这种沉默，他们会对之前所说内容做出进一步说明，也许是更多细节，也许是故事的后续，抑或是对他们之前所说所做的种种做出纠正。或许，你就这样成功攻克了一个对问题总是闭口不答的对象。

你的谈话对象或许还会采取其他数种不同的应对方法，但其结果都将是相同的：你总能得到你想知道的，除非你问了一些非常个人或尖锐的问题，尤其当你涉及他们的弱点和隐私时。

此处的关键在于用一种极为客观的方式来营造轻松的氛围，从而使你的谈话对象向你敞开心扉，滔滔不绝。试着表现出极大的好奇心、并保持一张扑克脸以延续这种气氛。

此外,适当的停顿也能给你的交谈对象一些时间来思考接下来的议题。比如有时候,谈话会有些偏离原来的主题,人们忘记了他们原本的想法,或者干脆就不知该说点什么。这时,停顿一会儿可以有效缓解这种状况。

当人们觉得话题无趣或让他们感到不悦时,一个恰如其分的停顿能适时给他们提供转换话题的机会。这样你就给了他人思考时间,使他们平静下来而不至于逞一时之快,也可能就因此化解了一场矛盾。

魔力印象:我们的谈话如此轻松愉快,他和我简直就像老朋友一样!难以置信,我们真的是初次见面吗?

魔力法则5　善用『为什么』

对于那些已为人父母，抑或是经常被外甥、外甥女缠着的读者来说，肯定十分熟悉“为什么？”这句话。

想想那些总是天真可爱地歪着小脑袋，不停地问着“十万个为什么”的孩子们吧。

有些时候，他们的童言趣语或许更能引起你的深思，并不得不承认道：“这真是个好问题。让我仔细想想，稍后一定告诉你答案！”

这就是“为什么”所蕴含的潜在力量。

就如同孩子们会问太阳为什么是金色的、天空又为何是蓝色的一样，请想象你自己也能抱着同样的好奇心去不断提出问题、充分铺展对话，学习如何倾听他人的内心世界。而最终目的，则是引领他们对你讲出知心话，即便那涉及些许个人隐私也无碍。

想要理解、掌握这一法则,以下两点尤为关键。

第一,若你总是在不停地转换话题,就代表你对某人的了解仅停留在表面,并无内在的深层联系。这同时也表明,你可能在尝试着寻找与他人间的共通点,像是你们大学时代的一位共同好友等。这一类的谈话通常十分无趣且机械、刻板,没有太多实质意义,可尽量避免。

真正的亲密关系,很难建立在这类肤浅对话上。就像当你去参加某个社交活动时……相似的枯燥内容却总会不断被重复。对于话题与内容的选择,本书后面的章节会有更具体详尽的解释,现在,就让我们集中在如何巧妙应用"为什么"这一议题上吧。

第二,融会贯通善用"为什么"这一法则,并始终保持一种积极、好奇的心态,将有助于你探究某人的内在思想与本源……以及深入了解他/她的背景、梦想、希望、长处和不足等等。这听起来不难,但精妙在于真正掌握这点的人不多,这将给人以特别感。

魔力法则 5
善用“为什么”

作为一个充满好奇心与智慧的人，你将会愈加自发地渴望去了解他人，而同时，人们也会因你的关切而倍感愉悦。事实上，人们都希望别人能主动去了解和喜爱自己，遵循这一原则，你将无往不利。

这其中又涉及了一些心理学知识。当你向某人毫无保留地袒露内心时，你对他的评价及信任感将飙升。这种感觉就像是他们正掌握着你的部分秘密，而你自然也会对他们加倍地关心、在意起来。

更进一步来讲，他们也定会把你当作极为特别的亲密好友。因为只有挚友间才会分享秘密。作为一种潜移默化的移情方式，你大可善为己用。

最后，从自我意识的角度来讲，人们往往倾向于用行动来解释思想。因为一方面人们总希望他人能赞同自己的观点，借以彰显智慧；另一方面他们又都喜欢谈论自我。

综上所述，善用“为什么”这一法则是在鼓励你像孩子一样，永远满怀着好奇心勇往直前——并借助它来不断延展、深入话题，使人们逐渐向你倾诉内心深处那个最私密、最真实的自己。

魔力印象:不知不觉中,我竟毫无保留地向她吐露了我未来10年的生活规划、梦想与期待。这真是一场既愉快又有趣,令人难以忘怀的深度对谈!

魔力法则 6　过渡语句让你如有神助

大多数人对于一场行云流水、气氛融洽的谈话有自己明确的概念。

这种概念广为人知,并且也许正是随着大众媒体的传播及其在恋爱关系中的应用,而得以发展延续。但请让我来告诉你,如何具体运用本章法则,来突破这种固有的概念。切记,先入为主的观念并不总是正确的。

零沉默,滔滔不绝,人们对于一场轻松流畅的谈话概念往往如此。谈话中应有一个不断重复出现的小笑料,它比其他任何方式都有效,就像一个广受欢迎的喜剧故事那样,令谈话不至冷场。事实已无数次证明,许多人觉得交谈融洽并深度沟通正源于此。最理想的状态是,不用坐立不安地回避眼神接触,也不必停下来思考该说些什么,双方便得以自在地交流。

但事实上,这是种有点肤浅的想法,因为这一切都建立在源源不断的无稽空谈基础上。这种交谈方式,不过是闲聊的重复堆积,而完全不触及实质。

我并不是说这种想法就是错误的。但就我而言,这仅仅是告诉了我们人们有多厌恶谈话中的冷场,以至于尽管有许多其他积极因素存在,他们依然将有冷场出现的谈话视为失败。

我们这节课的主要目的,就是要找出一套大家认为合适的过渡语句来避免类似的冷场出现,保持交流的顺畅融洽。正如题目所说,过渡语句能帮助我们神奇地创造出不会尴尬冷场的谈话,正如我们一直希望的那样。

此过渡语句还能为你之后的精彩话题保留余地,或是自然地将话题引向你所希望的方向。而借此,你也为自己争取到一些思考时间。

你的过渡语句一定要十分多样化,以保证它们足以应用于大部分谈话场合。不要太过简单直接,以至于让你听起来像个无脑的应声虫——这些都将体现在表达过程中。

具体情况可能因人而异,而以下是我最常用的两个过渡语句:

“嗯,真有意思……”

“这很有趣……”

几乎不经大脑的词句,但这样短小精悍的内容恰是我们需要的。本章法则更多涉及人们在谈话中心理上的喜好,所以,有意识地将你平时的习惯应用在对话里尤为重要。

此外,为了谈话能流畅地进行下去,不仅是过渡语句,过渡手势或动作亦可。例如适时地轻咳一声,微微扶一下眼镜,或是将啤酒一饮而尽等做法——这些都将有效保证对话自然、融洽地进行。

魔力印象:我们之间很有共鸣,谈话完全没有冷场,这真是太不可思议了!

魔力法则 7 性格外向并非必须

乍听起来，"活泼外向"与"魅力四射"两者间似乎有着密不可分的联系。

性格外向的人们往往喜欢被他人包围着，甚至对孤单抱有恐惧。他们以社交为乐，在大部分时间里，他们都会外出和家人、朋友甚至是完全陌生的人在一起，而不是独自蜷在家。他们无论走到哪儿，做什么都能轻松自然地和各种人交流。

他们不需要独处，并总能从他人的关注中获得自我满足与成就感。他们通常被认为是活泼、友善及好相处的人，人们也很乐意与他们为伍。而在聚会或其他社交场合中，他们往往位于人群中央，正向众人讲述着他们最近的冒险趣事。他们很善于闲聊，总是能吸引别人的注意，并能积极地拓展话题。他们就像是"为聚会而生的"。但仔细想想，绝非仅有性格活泼外向的人们，才能够简单、快速地与他人建立密切的联系。

天性内向的人们，同样也可以很快地博得人们的关注与好感，这只不过是如何巧妙运用社交技巧的问题罢了……无论性格内向还是外向，每个人都有自己独特的优点及长处。且无关对错与优劣，人们只要恰当使用本书中提及的数条“魔力法则”，都将能以自己最擅长的方式获得成功。

性格内向的人喜欢在安静的环境中独处以调节自我。比起一大群人，他们更喜欢小圈子，但这并不意味着他们难以相处或为人孤僻。和外向的人们一样，内向的人也会建立属于自己的坚实友谊，只不过是和少数几人罢了。他们更乐于倾听，且仅在深刻思考后才会愿意与他人分享。他们也许并不那么擅长闲谈，却十分善于进行深刻、富有哲理的对话。内向的人不喜欢勉强自己，但倘若他们有意，就能迅速激发、释放出自己的潜能与独特魅力！与外向者相比，内向者总是倾向于更深入思考后再做出选择。

就西方主流文化而言，我们更欣赏性格外向的人们。我们通常认为，外向者亲切、活泼、诚实又大方。他们在感觉上更易于交流、也不太在意别人的品头论足。相比而言，内向者则会显得有些冷漠、害羞和畏首畏尾。甚至有些时候，我们会认为他们不合群，或是有点奇怪，让人难以亲近和喜爱。

相反，在东方传统文化中，谦逊、谨慎恰恰是一种美德的象征。谨言慎行更多地被看作是一种优点。太过活泼外向的人，却往往被认为是吵闹和沉不住气的家伙。不少情况下，这类人反而不太受欢迎。

两种截然相反的理念，却能带给我们不少启迪与沉思——看任何事情都要避免片面性。

无论是性格外向还是内向的人，都能够与他人建立坚实、稳固的长期友谊关系，最重要的仍是他们怎样做。外向者不太在意他人的想法，更习惯以自我为中心；相反，内向者会更多考虑他们的行为可能带来的影响与后果。不论哪一方，都没有优劣之分，也不是主宰社交关系利弊的主因，这纯粹只是一种自我选择。

魔力印象：他自称性格内向？我倒不觉得……

魔力法则8　不做朱迪法官

朱迪法官是一位刻薄、头发花白的老太太。

以防有读者不知道，"朱迪法官"是一档法庭真人秀电视节目的名字，同时，她也是真实存在的一位脾气古怪的老太太，一位备受质疑的民事法官。

她总是用一种尖刻可笑的方式，去否决诉讼当事人的一切说辞，只要他们出现任何前后矛盾，她就立刻让他们出去，同时极尽所能地贬低、打击他们。也许有人会反驳说，对于解决纠纷、调停矛盾，这是一种相当有效率的方法。这点我并不否认。

但毫无疑问，这无法为你赢得朋友，亦无法使你变得魅力四射、广受欢迎。

你的谈话对象将不可避免地变得气急败坏，而本就不容乐观的局势也进一步恶化。人们将怒不可遏，抱怨不休。

那么，无论是作为当事人或是一名旁观者，你怎样才能够优雅又从容地化解一场冲突呢？我们又如何才能不重蹈朱迪法官的覆辙呢？

圆满解决一场冲突的第一步，在于找到矛盾的具体原因所在。这种说法看似明了，然而做却远比说来得不易。人们倾向于回避对峙的局面，而真实的意图，却往往被表面的和平所掩盖。多少次，我们在面对另一半的询问时，仅以一句"没事"作答？事实上，我们经常需要从他人的言外之意中寻找真实的答案。

再思考一下，你的一些行为，是怎样直接或间接地导致一些意想不到的结果或误会？别人无法成为我们肚子里的蛔虫，洞察我们一言一行中的真意，很多时候，我们的真实意图并未确实传达。这致使误解与日俱增。

因此，你应试着用类似"我的行为在别人眼里是什么意思，它又是怎样导致了问题的产生？"这样的问题来时刻督促、提醒自己。

试着假设对方是完全理智且正确的,那么他们又为何曲解了你的意思,才会做出如此消极的反应?

一旦你意识到,问题可能出在自己身上,就应立刻道歉并将谈话继续下去。记住,你的目的不是赢得争吵的胜利,而是要解决一场纠纷,而这将对达成和解大有助益。率先表示歉意可以有效安抚对方,相应的,他们也会变得易于沟通。

对于那些不甚友善的人,一条流传甚广的秘诀是:化解纷争时,我们应加倍地给予对方耐心和谅解。俗话说得好:“用善意杀对手于无形。”若你消极应对陷在负面情绪中的人,那么结果往往是你也被卷入这场闹剧中,要么变得和他一样气急败坏,要么使他更加生气。

相反,倘若你按照我说的对其报以善意,他所有的负面情绪将无法对你产生影响,你表现出的只会是耐心、爱心与善心。通常,当事情仅牵涉到解决二人间的纠纷时,如例所述的做法都将十分有效。

大多数时候,这种应对方法能让对方做出让步、并屈服于你的积极态度。只有极少数情况下，对方也许会变得更加暴躁。比如说当两人之间的不合愈演愈烈，一方已开始大声喧嚷。这时，你就应该用平缓的语调说："很抱歉引起你的不愉快。让我们一起努力解决这件事吧。"

你平静、沉稳的语气将相当有感染力。受其影响，对方也会开始报以坦诚、理解的态度。

魔力印象：真不敢相信，她竟然如此从容优雅地化解了一场激烈矛盾！

魔力法则9　怎样做一个优秀的讲述者

想象在森林中，有一簇正在噼啪燃烧着的营火，火舌乱舞，火星四溅。寂静笼罩着你和你的朋友们，而蟋蟀的鸣叫和不远处的狼嚎，让人内心有些躁动不安。

突然间，你的一位朋友惊叫着从他坐着的木头上跳了起来，一溜烟地跑了。所有人顿时陷入了惶恐不安中。你清晰地听到他的脚步和身体擦过灌木丛、细枝和树叶所发出的嘎吱碰触声。而瞬间，这些声音又都突然停止，万物归于无声……

“我没事！我只是被暗处的火蚁咬了一口，别担心！”幸好这时，远处传来的声音终打破了寂静。

并不是人人天生就知道如何讲好故事。一个精彩的故事确会吸引人，但有时，我们却是在为讲故事的人所着迷。每个人身边总有这样的亲朋好友，他们像是有魔力一样，总能让人们围在身边侧耳聆听，生怕错过一个字。

你可能无法变得像他们一样巧舌如簧，口吐莲花；但只要你逐渐熟悉、掌握以下的基本技巧，就能巧妙抓住和吸引人们的注意，成为一个讲故事的高手，不论聆听者是谁。

最重要的，是如何巧妙地构架一个故事。以上面的火蚁故事为例，你应该将叙述分为三部分进行。

第一，故事背景，这部分旨在介绍主要人物、环境与时间、地点，以及其他任何可能影响故事进程的重要因素等。你和你的朋友们身处静谧的森林中，环绕在一簇营火前。

其二，所面临的局面和行动，此处描述主人公如何与环境展开互动。你的一位朋友尖叫着跑开了。

第三，故事的高潮和结尾部分，讲述行动带来的后果及变化。事实上，你的朋友只是被火蚁咬了一口罢了。

请尝试将这一法则运用到所有的故事中去。当然，讲好一个故事需要的远不止于此。

无论何种方式的交流,如何去表达都决定了它的最终影响力。而引起听众的好奇心、吸引他们的注意力,通常是最直接和简单有效的办法:请尝试使用抑扬顿挫的语调、声音及借助肢体语言,亦或是在故事的高潮处做适当停顿,借以增加戏剧张力。

同时,别忘记用生动、夸张的面部表情来进一步提升亮点及吸引他人。而最重要的是,永远要满怀自信,不要低估你的故事能给别人带来的欢乐和积极响应。

其他有关社交技法的书籍,常会建议你不断熟练、巩固你所讲述的故事内容,直至能脱口而出。但我建议你只在工作面试,或应对那些极为内向害羞的人时这样做。过分娴熟会让你显得有些刻意。

事实上,倘若你只是在向朋友们讲述一个故事,过分完美无瑕反而会让人觉得扫兴,甚至抹杀了故事的趣味本身。你很可能会弃细节于不顾,而过分着急地奔向主题,只因你已经太熟悉故事的点睛之处了。最好的办法,是在了解故事的精妙架构和高潮的基础上,放任自己的想象力以妙笔生花,让你和你的倾听者都能同时进入情境,并永葆其新鲜及魅力。

魔力印象:这是一个多么奇妙又引人入胜的故事啊!我在不知不觉中对它入了迷,并迫不及待地想知道精彩结局!

魔力法则10　莫当老学究

试想在一场行云流水的谈话中，某人突然用类似“事实上……”这样的话语打断你，并试图纠正你某个完全无关紧要的小错误。谈话就这样戛然而止。而对方却浑然不觉，仍洋洋得意，好像赢得了一场辩论赛似的。

听完我的形容，你脑海中一定立刻浮现出某个人的影子。若没有的话，很有可能你就是他！

老学究，就是那些总是过度强调无关紧要的细节和规定的人，他们只观树木，不见森林。吹毛求疵，喋喋不休。这在日常对话中究竟是怎样表现出的呢？

要知道，大多数老学究如此行事的原因，并非源于他们真的有多在意那些细枝末节。这恰恰反映出他们怀有强烈的不安感，总害怕不这样做就无法得到他人的关注。他们只会抓住自己那点可怜的知识，试图通过强调细节来向他人表明自己的价值——聪明过人,抑或是对谈话卓有贡献。某种意义上来说,他们通过这种方式来获得高人一等的优越感,借以抚慰内心的不平。

当然,选择因人而异。人人都有权做他们想做的事,也并非如此行事都令人生厌。但你要清楚别人如何看待你的行为,而这种过重细节的做法又对谈话造成了怎样的不利影响。

对细枝末节不必要的关注,会打断一场本很融洽的谈话,使其转变为两人心照不宣的暗斗。人们不会被你晦涩的一点小知识吸引,这种行为也不会让你显得更有趣。它只会让别人对你产生刻板、缺乏变通、毫无大局观的印象。更严重的是,过分纠结于烦冗细节,很可能会使你错过话题的重点。

因吹毛求疵而引发一场争辩,也许是世上最恼人的行为之一。无论就理性还是感性而言,纠正小错绝不会让你显得更胜一筹。它会让你的语气充满敌意,同时,对次要的过分强调,更突显你对关键事物的不解。

后果往往是,对方丝毫不为所动,而你却很可能处于不利地位,因为怎么看你都像在无理取闹。

正如我前面所说的,讲故事的时候不必太重细节。现在,也请你们对这些细枝末节睁只眼闭只眼。

请相信,在大多数谈话场合,过度精准绝非必要。如果你将纠正的内容对改变谈话的大方向毫无意义,或是无关紧要,那你便是刻板、迂腐了。

而无谓争辩绝不会为你赢得人气——其效果将适得其反。得理不饶人的后果,便是你无法结交朋友,即便你百分百正确。

魔力印象:谢天谢地,她没有因为我说错西班牙的首都而打断我。要是她的关注点就集中在这种事上,我该有多生气啊!

魔力法则11　不要质疑他人的品位和主张

虽然我不常这样做,但还是让我们先以最糟糕的伴郎致辞方式开始本章吧——引用字典定义,“韦伯词典是这样定义爱情的……”

首先,让我们先来给“品味”和“主张”两个词下个定义。

品味:指个人的偏好。

主张:指私人观点、态度或评价。

请特别注意个人和私人两词。毫无疑问,它们是完全主观的。

正因如此,你又何必就他人的品位和意见据理力争呢?事实上,你也无从证明自己的观点是唯一正确的。

拿日常生活举例,当某人谈及自己喜欢的天气或是电影类型时，总会有其他人立刻反驳他。这若只是朋友间闲聊的程度，自然无关痛痒。

但问题是，许多人往往无法意识到，他们的反驳意见并不入耳；抑或者是总在不自觉中，倾向于向他人强行推销自己的观点。

像下面的例子一样：

“不得不说，《阿甘正传》是我心目中最棒的 90 年代电影。它无可挑剔。特别是当阿甘问他的儿子长得是否像他那一幕，总令我泪流不止。”

“《阿甘正传》？你在开玩笑吧？那部电影根本不尊重史实，它简直糟透了。而且开始我就知道阿甘会和珍妮在一起，故事根本一点悬念都没有。我也讨厌汤姆·汉克斯。你怎么会喜欢这部电影呢？”

“我只是觉得它很有趣，也很欣赏影片将历史巧妙融入现实生活的手法。”

“历史？你是指那些媒体肆意编造的内容吗？《肖申克的救赎》实在要比《阿甘正传》好太多了，难道你不这么认为吗？”

“嗯……”

类似的例子不胜枚举。我们可以清楚地发现，那些强加于人的论调很难改变他人的想法，更别说是让人们亲近起来了。而想让对方服气地承认电影品鉴力不如自己这点，也是绝无可能的。

因此，在日常生活中，当对话涉及个人品位或是主张时，最聪明的做法就是不要去肆意批评它们。客观地提出疑问是允许的，但绝不应该对他人的观点做出全盘否定。

人人都希望追求共性，避免争议。肆意地反驳他人可能会引起比你想象中更为强烈的不满和冒犯之意。而这将会立刻激起人们的防卫心理。

同时，这也会让你显得极为刻板和啰唆，缺乏善意和幽默感。就像是那些总爱出馊主意的人，一定不会受欢迎。

魔力法则 11
不要质疑他人的品位和主张

最可怕的是，你让自己变成了一个惹人厌的家伙。

因此，请试着将心中的怀疑更多留给自己，而不要表露给旁人。你最应该做的，是努力寻找和他人间的共通点，而不是无意义地一味批评。

同理，倘若某人固执地试图改变你的想法，你也可以用简单一句："难道我的观点与你不一致，就代表我错了吗？"来反驳。

魔力印象：感谢上帝，这个人并未因为我们喜欢的乐队不同而喋喋不休……否则，可能我们才刚认识我就要讨厌他了。

魔力法则12　好奇心是制胜法宝

魔力四射的人格意味着很多。

它意味着,如何巧妙地延续甚至是挽救一场濒临失控的谈话。

同时,它也意味着如何用最少的时间来创造出融洽的气氛。

它还意味着懂得回避不适的话题,或是优雅、自然地从中抽身。

然而,倘若缺乏适当的待人接物方式与态度,以上这些都将毫无用处。

你需要对身边的人充满好奇心。

我们发现，若你不能对你的谈话对象保持好奇心，就可能存在以下情况：你只是不那么在意他们，或者，你更希望谈话一直围绕着你来进行。

不存在模棱两可的情况，因为这会影响到交谈中小到寒暄的每一个细节。

试图否认？那请继续读下去。

如果你对他人不感兴趣，漠不关心，这也将直接决定你的谈话态度。你不会询问关于他们的情况，挖掘他们的生活细节，或是与他们有进一步的交流。你也不会认真实施这本或其他任何社交技巧书教给你的小窍门，或是积极地参与到他人感兴趣的活动中。

你会例行公事般说些毫无意义的寒暄语，但因为缺乏对他人的好奇心，除此之外你不会再尝试更深入的沟通。想想你上一次真诚地问及他人的生活状况和感受是什么时候？

而比起“好奇”二字，你又能想到其他词汇，来形容这种愿意融入他人生活中，并与其进行更深层次交流的态度和愿望吗？

因此，我想要表达的内容很简单。只要下定决心，培养对你的谈话对象的好奇心，就等于为一次真诚的对话打下了坚实基础。

仔细想想……地球并非因你而转。事实上，世上的每一个人都或多或少有某处长于你，也总有一些你可从中学习或被吸引的地方。

从今天起，答应自己做一个充满好奇心的人，即便一开始需要一些伪装。

当你表现出好奇心的时候，会发生些什么呢？你将能够深入挖掘人们的生活细节，你事无巨细地关心他们，并在这一过程中，你会不断努力去尝试更加了解他人。

人们总喜欢那些喜欢自己的人，如此，你将更容易被他人接纳。一旦你制造了一种坦率、真诚的气氛，对方往往也会用诚恳的态度来回应你。

而当你将想要了解别人，作为你与他人交谈的首要目的时，你也就自然而然地减轻了自己的负担。(这在你跟心仪的异性谈话时更是至关重要……)

同理，戴尔·卡耐基对这一议题有一番高见——“你用两年时间让别人对你感兴趣而结交的朋友，远远不如用两个月真诚了解他人来得多。”

魔力印象：他是个多好的人啊——我敢说他是真心对我和我的爱好感兴趣。难以置信，我对他毫无保留地讲述了我那次疯狂的滑雪经历！

魔力法则13　适当地应声附和

每个人都会假笑。

我是如此,你是如此,你的妈妈也是。即使是你的另一半,对你也总有需要伪装微笑的时候。

我们并不喜欢这样做,也知道虚伪地对待他人是一种不光彩的行为。但为何我们仍日复一日地为自己戴上一副假笑的面具呢?

因为我们知道,人们往往渴望他人对自己露出善意的笑容。

而当人们收到他们想要的积极回应后,对话的氛围将立刻变得更为轻松愉快,人与人之间将变得亲近,谈话内容也会因理解而显得更为深入。

魔力法则 13

适当地应声附和

很难相信吧，这些竟然都是从一个笑容开始的。

当然，我们本章节的目的，并不是教你如何用虚伪或谄媚的态度来接近他人。我们的目标，是学习如何解读他人想要表达的内在情绪，并予以回应。

例如，某人正在讲述一个令人愤慨的故事时，你就应该显露出义愤填膺的态度，与其同仇敌忾；而当某人告诉你他无法理解乐高玩具太空梭的组装方法时，你就可以附和他的意见，并适时道出你为宜家的组装书柜费心劳力的经历。

从心理学角度来讲，这一做法蕴含着以下的深层意义。

人们都喜欢获得赞同，当你发现某人似乎能立刻了解你想表达的内容与情绪时，你们之间会产生一种亲近与信赖感。同时，我们会感到对方与我们的情感与思想处于同一水平线，因此也更容易被他们的谈话内容所吸引。

通过表现对他人情绪的理解，我们将会进一步激发对方的热情，使对话氛围更为活跃、充满生气。同时也使谈话向一种更积极、对自己更为有利的方向进行下去。

反之亦然，试想当感觉真正被理解时，我们自然会变得情绪高涨，并很快对他人敞开心扉，侃侃而谈。

综上所述，这就好比一个连锁效应，你越是能追寻、附和他人的情绪，他们也就愈将对你坦诚相待。

而关键在于，你可能需要夸大和强调自己的反应。如果你的回应太弱，就达不到理想的效果。你必须让对方明确感受到，你正在努力迎合他们的情绪，否则，这将是徒劳无功的。

起初，你可能会感觉自己只是在鹦鹉学舌或是有些虚伪，但这仅需一些练习和良好的心态即可克服。最重要的一点是不要半途而废。

最后，针对那些对此仍抱有怀疑态度的人：它的意义并非在于强调虚伪处事或是利用他人。学会理解、迎合他人的感受，是情商的体现，更是人际交往中不可或缺的润滑剂。人们往往有意无意地使用它，借以增进人际关系，这并没有什么不对。

此外，从何时起试图亲近他人反而变成一种错误了？这恰是本书的目的所在。

魔力印象:难以置信,她竟然能完全理解我所说的内容,不管是关于减肥的问题,还是我的宠物狗去世,甚至是车祸的话题！她不会是我失散多年的双胞胎姐妹吧？

魔力法则14　你的表情透露出什么

听说过一种叫“天生丧妇脸”的打趣说法吗？

这听起来多用于形容女性，但我敢肯定这在很多男性身上也很常见，它的男版说法是——“天生苦瓜脸”。

天生苦瓜脸就是你明明没有表露出任何情绪，也没对任何事情做出反应，却不自觉地摆出吓人的脸孔。

我提及这个的意义何在呢？

那些天生苦瓜脸的人们，总无意识地传达着一些给他们带来不良印象的信号。他们也许心情平静，或是仅仅沉浸在自己的世界里，然而他们的外在表情却显露出愤怒、傲慢、冷漠、亦或就是坏脾气。也许很冤枉，但这就是他们的表情给人的直观感受。

我想讲的重点是,某些情况下我们表达了并非我们本意的情绪,甚至有些时候我们根本没能传达真意。若不加以管理,这将可能导致更严重的误解产生。毕竟很少有人能与你心灵互通,因此,他人很难精准地捕捉到你的真正意图。

无论如何,这关乎于用你的内在心理状态来调整你的外在表现(你的面部表情),以保证你没有传达不明确、甚至是引起误解的信息。

一种通俗易懂的解决办法:试着对着镜子测试。使你的内在情感和外在表现同步。

这主要是一个有关感受和表达的问题,你感受到的情绪是什么?别人所察觉到你的表情和肢体语言所传达的情绪又是怎样的?它们互相匹配么?你真的表现出任何情绪了吗?或者你所表现出的情绪模糊不清?

一个简单的例子,就是当他人紧张或生气时,你却开怀大笑起来。

魔力法则 14

你的表情透露出什么

那么别人又是如何解读你的微笑、皱眉、抱臂以及怒视的呢？

查明原因并做好表情管理至关重要，因为一旦对于同一感情的内在和外在表现不统一，他人对你的误解就即刻产生了。关键在于精准地表现出你的内在感受，这能保证交流的坦诚度，有助于给他人留下诚实的好印象，避免互相猜疑。

高兴了就微笑，不高兴了就皱眉。听起来很简单，不是吗？

不幸的是，我们在潜意识里，总想保护自己全身而退。如果你自以为在一场紧张的谈话或辩论中，自己的肢体语言却很放松，就再仔细考虑一下。事实上，你是否环抱起了手臂，充满压迫性地站在那儿，并且提高了音量？

尽管效果并非立竿见影，但通过用镜子不断练习，将能为没有猜疑和误解的交流打下良好的基础。

魔力印象：她真是个直爽又随和的人。她看来心胸坦荡，毫无隐藏。

魔力法则15　何时做将军，何时为士兵

“你今晚想去哪儿吃饭？”

“随便，听你的。”

有些人对事物有着特别的坚持，而你很难去改变他们。

另一些人则是对凡事都表现得漠不关心。无论谈话进行到何处，他们都乐得事不关己——随你怎样都好。

幸运的是，大多数人都介于两者之间，但这并不妨碍我们去学习如何面对那些极端特殊的情况。

了解何时应当机立断地主动出击，何时又该听令行事，是与普通人，抑或是那些难缠的人建立友谊的关键点。

事实上，绝大多数的聊天都只是人们借以打发时间的工具，并没有什么特殊意义。而如果有任何一方能引领谈话，就可能进一步激起双方的兴趣，有助于深入了解与展开话题。这也正是领导的重要性所在。

但倘若表现得过分积极或消极，就容易让人产生疏远感——如何才能恰到好处地拿捏分寸，使双方自然地亲近起来呢？这涉及如何领导及解决分歧等日常互动中常会出现的问题。

很遗憾，针对此问题而言，没有最佳答案——但我们仍可透过观察和自问，来决定该主动或被动而为。

首先，从研究他人的行为和性格特征入手。

这往往也是最为困难和关键的一步。这个人是做领导的料子吗？他们在朋友圈子里常扮演什么角色？在集体活动中又有什么表现？他人是否常常向他们寻求建议或帮助呢？他们总有自己的计划，还是常随波逐流？

其次，解读当前环境及大形势。

眼下是否有截止日期之类的紧急情况，迫使某人不得不挑起重担？还是大家都兴致不高,以致无人愿意做领头羊？其他人处于懒散还是紧张状态中呢？他们的情绪是否良好,对话内容对他们是否重要,抑或他们对该领域有特别的研究和兴趣吗？请尽量在脑海内梳理好每一个关键细节,以防疏忽大意导致误解和过激反应产生。

再次,预判之后的情境。

怎样才能促成最佳结果？安慰他们会有效果么？你是否应该发挥所长,领导当下呢？外界会有什么看法？当前形势是一片大好,应乘胜追击,抑或是糟糕透顶,该明哲保身呢？

最后(也是最不可或缺的一点),对方是否有着极强烈的领导和自我意识？

有些人习惯于不断谈论自己,而不喜欢有来有往的对话形式。另一些人则可能显得独断专横,不爱接受他人意见。但他们仅仅是不喜欢接纳他人的想法,绝非不可攻克,你只需要学会快速有效地应对他们即可。

MAGNETIC

魔力四射

在对话的引领和被引领间自由地切换，既可以帮助你顺利地打开他人心扉，使谈话流畅地进行下去，又能帮你迅速终止无聊的对谈。

魔力印象：她如此轻松地解决了那个非要约她出去的家伙，真是妙极了！

魔力法则16　不吝溢美之词

在乌托邦的世界里，人人都能随心所欲地向心仪之人表达爱意，告诉亲朋好友们，自己是多么欣赏和喜爱他们。

人们的关系超乎想象地变得更亲密，每天体验到的快乐也成倍增长。他们能明确地知道彼此间该如何相处，再也不会有勾心斗角或是消极被动的情况出现。倘若如此，我也将理所当然地失业了。

当然，这不太可能成真。现实中，人们有太多理由不能对彼此敞开心扉，他们总有所保留。

真可惜。

然而，这又与变得魔力四射有什么关系呢？我们又该如何借助它来变得富有吸引力、沟通力和影响力呢？

魔力法则 16

不吝溢美之词

事实上，世间万物都无法与这美妙的情感乌托邦相比，哪怕只是一分一毫……那个无论谁身在其中，都可以自由地赞美彼此、抒发情感的乐园。

但即使不存在这样的地方，世上仍有许多理由，值得你去积极地赞美他人。

首先，赞美能让人感觉良好。

人们往往会被那些让他们感觉愉快的人所吸引。而这种人，正应是你。赞美之词往往能使双方获益——更多称赞带来的好处唾手可得。请成为那个善用赞美以改变整个谈话气氛的人吧。这是一种简单的人类心理学，和条件作用的集中体现，而你没有理由不将其效果发挥到极致。

其次，我们早就知道，人们最感兴趣的还是他们自己。

一句称赞，往往能鼓励人们进一步积极宣扬自己，常规的对话则通常不能为他们制造这种良机——让他们得以如此彻底地自我吹嘘一番。而肯定他人提出的恭维和赞美，在社交场合中并无不妥。

让我们回溯到本书最开始的章节:迎合人们的内在自我。你的赞美越是让对方感觉私密而亲近,他们给你的正面情感回应就会越强烈。人性本当如此,人人都喜欢用他人的赞美以消除自我怀疑,获得信心与肯定。

或许你还没意识到,但对于他人自认的强项所在(抑或是弱点)做出赞美时,无疑会被他们更长久地牢记。

再次,赞美能使对话的方向突出,要点明确。

假设一场谈话正气氛低迷,一句适时的称赞,便是驱散这种氛围的极佳方法,并能使你重新吸引对方的兴趣和注意力。同时,它还将使无论对任何一方来说都过于触及隐私而令人不悦的话题重回正轨。

最后,请时刻准备着称赞他人,对你来说,这会是一条极有价值的技巧。它能让你更积极地思考,使你左右逢源。

同时,这也比你想的更能反映你的观察力——一种被应用于生活方方面面、不可或缺的能力。

想知道具备了更强观察力的你,能成为多么称职的员工或老板吗？或是更令人满意的情人和另一半？还是更善解人意的朋友？要不就想想你最喜欢的相声里一个你最喜欢的段子吧。它很可能是极富观察力的产物。

一起创造一个充满赞美的美好世界吧。

魔力印象：他真善解人意，我简直不敢相信他注意到并称赞了我在打扮上所花的心思。这可是我的新年决心之一！

魔力法则17　不要轻易说『不』

即兴喜剧是我最喜爱观看的节目之一。它与用电脑观赏 Netflix(一家在线影片租赁提供商)上的在线连续剧,或是到剧院观影有很大区别。

我热爱它的主因,是它能带给现场观众带来一些“灵光乍现”的绝妙即兴演出。

最重要的是,我极为欣赏演员间的默契与互动,以及他们是如何协力以达到最棒的演出效果。一场流程紧密、令人耳目不暇的即兴喜剧表演,可谓是至尊飨宴。就像是维恩·布莱迪那样的天才演员,片刻便能俘获你的心。

而我们能从那些顶尖演员身上学到很多适用于社交场合和令自己充魅力的技巧, 仔细思考过后就会发现,对话和表演两者间存在着许多共性,例如引导对话的展开与顺利进行、保持内容新鲜有趣,以及互相配合以产生共鸣。

但你知道即兴喜剧最重要的秘诀是什么吗？永不说“不”。

不要显得无理专横，不要露出负面情绪，学会包容和理解你的同伴。

想象一下，倘若双方各抒己见却互不相让，那将是一场多么尴尬又无谓的表演啊：“好吧……你说你不喜欢动物和动物园？那我们就去打棒球吧……”

简单而言，不加思索地粗暴拒绝他人，往往会显得无理、蛮横、刻板和令人扫兴，简直就像是终结一场愉快谈话的致命一击。

因此，我们需要反复强调，永远不要轻易对别人说“不”。不要彻底否定他人的观点，否则，就等同于堵住了他们后面的话题。

此外，总是不停地否定他人，也很可能会激起他们的防卫心理，为对话加入不必要的紧张氛围。就像是敌我双方非要争出高下一样——这样能有什么好结果呢？

学会倾听在先，而不是蛮横地批评、拒绝，才能给之后的对话保留空间和商量的余地。

最关键和深层的要旨，在于尊重和不断鼓励你的谈话对象，也只有这样，才能让对方逐渐敞开心扉。而如果遭到否定或拒绝，他们很可能会把自己封闭起来，不愿再次开口。

对于如何让对方打开话匣子，你可以有自己的一套办法。但是请谨记：改掉轻易说“不”的习惯，必会给你带来立竿见影的益处。

魔力印象：这是一场多么棒的对谈啊！他是那么平易近人，又好像对我所说的一切都很感兴趣！

魔力法则18　紧随偶像步伐

我无意隐瞒我依然痴迷于威尔·史密斯的事实，一如与之同名的电视节目《活力王子》中那样，他是个不折不扣的活力王子。

于我而言，他是一切魅力及吸引力的化身。他说他最想要的，就是泰然自若地处于人们的视线中央，并表现出极度自信甚至是自负，当然，最重要的是他很幽默。

他应对异性时的言行举止同样可圈可点，在这本书里就不加赘述了。

当我初次尝试努力培养自己的社交技能、独当一面时，他的存在对我起到了非常重要的作用。因为他象征了我梦寐以求的诸多事物，所以每当我有机会更加接近心目中的理想目标时，即使有时会是被动的、肤浅的，我也会问自己同一个问题。

如果是他,他会怎么做?

这是一个很棒的问题,特别是当你迫切地需要一个理由的时候。

首先,它将你的注意力从眼前或许有些棘手的情境中暂时转移。

询问自己某人会怎样做,以减轻逼迫自己做出选择的压力。我们总轻而易举地就能做出观察并给予他人建议(特别是有关寒暄、人际关系等),此时亦然。试着以一种客观的,与己无关的态度看待事物,而站在他人的角度亦能让你客观地分析自己所处的境地,并调整下一步的方向。

其次,它能使你为了更好地达成最终目标,来有意培养自己的社交技能。

随着你每次扪心自问,做出正确的反应和判断会变得越来越容易,直到它成为你下意识的反应。这无须笨拙的摸索及过多事后分析——你将能准确地在当下做出想要的选择,并付诸行动。

魔力法则18

紧随偶像步伐

第三，心里有一个(或多个)榜样，能助你悉心分析自己的价值所在和想要发展的特质。

例如，也许你想培养更强的自信心，希望能在社交场合侃侃而谈。这样的话，你可以问问自己小罗伯特·唐尼会怎么做，或是某位与之相当的女性会如何反应。再比如说，你想更多地培养犀利的思维和幽默感，那或许你可以自问柯南·奥布莱恩会说些什么。

每个人都有各自的优缺点，对自己的定位也不尽相同。并非所有人都适用外向健谈即等同于魅力的法则，这无可厚非。

也有人希望通过模仿来与他人产生共鸣：泰勒·德顿、唐德·雷柏、查尔斯·泽维尔、杰克·多纳其、阿里·戈尔德、约翰·韦恩、雪莉·桑德伯格、詹妮弗·劳伦斯、米歇尔·奥巴马、希拉里·克林顿、莎拉·西尔弗曼、缇娜·菲……。你只需要选择一个在你还有待进步的领域表现杰出的人物，再不断地使之具象化，以至习惯成自然。

一开始，这种想象会像是带上了一张面具。同万圣节不给糖就捣蛋的游戏效果一样，这层面具给予我们空间及勇气，来说或做一些本不敢想的事情。从某种意义上来说，这就像一个安全地带，让你在不熟悉的社交场合中得以全身而退。

事实上，这一法则更多地关乎自省——诚实地找出自己的错误和短处，有效地运用心理调整，以便提升自己的社交技能，达到魔力四射的境界。

而我们的活力王子此时又会怎么做呢？我敢说他定会乘胜追击，做出同样的选择！

魔力印象：她表现得如此胸有成竹，仿佛胜券在握，简直就像米歇尔·奥巴马一样，这真是太厉害了！

魔力法则19　助你成功的社交线索

试想你刚收到了一份剧本，有着新奇的情节设置、个性鲜明的人物及扣人心弦的大反转结局。

而眼前只有一个问题——它没有做好背景叙述和人物介绍。

你无从得知故事是在哪儿发生、展开和结束的,人物是如何设置的,他们又有着怎样的情感和生活。

这就和缺少线索的社交行为一样令人困惑。

社交线索(抑或是提示、暗示等)是指那些暗中引导社交进程的语言或肢体动作。在日常生活中,我们经常会不自觉地使用它们,而它们也正代表了人们的真心话。

其结果是,我们往往能通过人们的面部表情、肢体动作、语速音调,甚至是所处的位置,来了解他们的情绪、想法和动机等。

这些最基本的社交线索,能有效帮助我们避免在交流中产生误区。这也是为什么有些时候,我们所说的恰恰和脑海中想的完全相反——而社交线索则能为我们清楚展现出对方隐藏在幽默或是讽刺背后的真正寓意。

事实上,大部分人都已在不知不觉中对此有多年的使用经验,并在脑海中生成了有关人们行为和意识方面的既定自我判断。正如我们经常说:“我对她印象不太好。”或说:“我就知道他是这么想的!”

你的判断和认知,正源于过去的经验。虽不易察觉,但这些线索和提示在我们的生活中发挥着举足轻重的作用。

而那些我们认为不擅交往的人,往往正是缺乏这一识别社交线索的能力。

社交线索在很大程度上考验着一个人的观察能力和情商。你我心知肚明,却不是人人都能轻易掌握。它需要反复练习,而通过以下一些指导,我希望能帮助你尽快领会其奥妙。记住,以下所列内容极为基础和简单,因为它本身就是因人而异的。其中很多都只可意会,不可言传。

1.肢体语言

他们直面你还是微微偏过脸?这可能代表冷漠或不悦。

他们的双脚朝向哪儿?代表他们想继续交谈还是离开。

他们显得坐立不安吗?代表不舒服或焦躁。

他们的双手和双腿有并拢、交叉吗?还是自然地分开摆着呢?代表他们对你的接受、信赖度。

他们是懒洋洋地靠坐着吗?代表厌倦或不感兴趣。

他们是否身体紧绷?代表恼怒。

他们对你有无身体接触?代表安心和喜爱。

2.眼神

他们不与你眼神交汇,而是在不停打量?代表厌烦。

他们有躲避你的眼神吗?代表厌倦或可能讨厌。

他们在盯着你看吗？可能代表对抗、焦虑或厌烦。

3.距离

他们站得离你近吗？代表舒适。

他们是否在你每次尝试靠近时都离得更远？代表不适。

4.面部表情

他们是否在眯着眼看你？代表怀疑或厌倦。

你是否能观察到他们来不及隐藏的小表情呢？

他们的眉毛是否挑起？代表惊讶或愉悦。

他们是否在假笑？你可以从他们眼角的皱纹，或者是否露齿判断。

他们在对你翻白眼？代表怀疑或厌烦。

5.语言线索

他们是否有对你的话做出回应？还是简单的“嗯、嗯”？

他们是否有意地提高音量和腔调？代表困惑或愤怒。

他们是否讲话磕磕巴巴？代表紧张或对话题不感兴趣。

他们是否因你所说的内容欢笑起来？代表喜欢。

他们是否在不停提问？代表感兴趣。

6.其他行为

他们是否在不停看着手机？代表厌倦。

他们是否在谈话开始不久后就想找借口离开?代表话不投机。

他们是否不断将话题转到其他方向？代表焦虑和厌烦。

最后一点,这些细微的社交暗示,往往最能对异性发挥作用,特别是在约会时,对方很少会直接告诉我们他们心里的真正想法,这就是该寻找蛛丝马迹的时候了——它们将能迅速产生化学反应,并点燃激情碰撞的火花。

综上所述，社交线索就是那不可明喻却总能穿针引线,引领我们了解他人内心真实想法的指南针。

魔力法则 19

助你成功的社交线索

魔力印象：他的直觉准确得不可思议！即便他早知道了我想说的一切，却又表现得落落大方、含蓄有礼。这是一个多么聪明而又敏锐的人啊！

魔力法则20　确立自己的形象

无疑我们最终将把那些让我们变得魔力四射的行为准则烂熟于心。然而,假如我们忽略了其中某部分,或未付诸行动,一切都将可能无功而返。

这就是我们所处的肤浅世界。判断总在片刻间被做出,无论公正与否,决定往往只基于第一印象而存在,除非有确凿的证据能指向其反面。

因此,确保自己给他人留下的第一印象正如己愿,这一点至关重要。

你的个人形象,通常包括言语的和非言语的部分。本书的重点不在外在打扮和身体语言上,因此,我们主要关注言语部分。这主要包括你想说什么以及如何表述,借以培养一种魔力四射的印象。

首先,审视自我,并想出几个你希望人们用来形容自己的词汇。

这时,我们往往会想起我们想要学习的榜样——而最好的提高方法是明确你的最终目标,以便设计出一个具体的计划来达成它。这些特定的形象及词汇,也将对你的穿衣风格、身体语言和说话口吻产生潜移默化的影响。

其次,关于建立你想要的形象这一计划,我们该如何实施呢?这将是一个过程,人们会随着时间推移,通过你的言谈举止(比如具体的故事和趣闻)注意到。

以下是有助你推进的详细步骤。请拿好笔和纸坐下,开始自己的头脑风暴:

1. 5 个你想要传达给他人的形容词。
2. 10 个你最独特、最有趣的经历。
3. 6 个你真正的长处所在。
4. 6 项你最杰出的成就。
5. 5 个你独特的习惯。
6. 5 个你最中意的美好回忆。

7.5 个你自觉相当独特的想法。

明白了么？想出这些并不容易，所以花点时间仔细考虑下。

现在，试着将你罗列的第二项到第七项同第一项关联起来。这能帮助你建立有关你想要的形象的思维模式，并将与第一项的词汇互通。

例如，如果你的目标形容词是极为有趣，那 10 个你最独特的经历，会有哪些趣味点呢？而上述七项中又蕴含怎样的逗趣故事呢？以此类推。

而倘若你光说不做，这些形容词是不会自己为你的形象代言的。

这个方法并不需要把你的经历和故事硬塞进每一段对话中——那会立即让你被贴上自恋而自私的标签。它的目的只是为了帮助自己定一个发展框架。

就像每个超级英雄总有专属于他们的幕后故事和技

巧一样。自己的形象一旦建立,所有关于他们的故事都将由此展开。请把它当作一种利用自身经历塑造叙事方法的手段。

魔力印象:她绝对是个真正意义上的冒险家!我简直不敢相信她所说的一切,她过去一年里的旅行事迹实在太不可思议了!

结语

想成为一个充满魅力的人，需要长时间的积累，但我相信通过本书的学习，你已掌握了绝大部分有关社交技巧的秘籍。你将不再会受困于如何寻找和延展话题，取而代之的是，如何从众多新朋友中，筛选出对你有益的人——这听起来更像是个甜蜜的烦恼。

在此，我必须强调，只有在不断实践与反复阅读的基础上，你才可能真正地精通这些"魔力法则"。我确信，既然你能下定决心购买此书，就意味着定会从中受益，并最终成为理想中的自己。当然，这需要一些时间和精力，而巩固则是必要的过程。有时，你可能会遭遇挫折，但在此过程中的任何失败都将是你未来成功的基石。如果你在实践中遇到任何困难，请重读此书，特别是那些相关章节和内容。

我希望你会注意到这些魔力法则所能带给你的不可

思议的惊人转变，同时，我更由衷地希望你能成为一个充满自信、魔力四射的人，祝你成功！

帕特里克·金

恋爱及社交技能讲师

图书在版编目（CIP）数据

魔力四射 / (美) 帕特里克·金著；宗丹，田坤译
.-- 天津：天津人民出版社，2016.8（2018.11重印）
书名原文：MAGNETIC: How to Impress, Connect, and Influence
ISBN 978-7-201-10751-6

Ⅰ.①魔… Ⅱ.①帕… ②宗… ③田… Ⅲ.①社会交往－通俗读物 Ⅳ.①C912.3-49

中国版本图书馆CIP数据核字(2016)第191000号

著作权合同登记号：图字 02-2016-87 号

魔力四射
MOLI SI SHE
[美] 帕特里克·金 著 宗丹，田坤 译

出　　版 天津人民出版社
出 版 人 黄　沛
地　　址 天津市和平区西路西康路35号康岳大厦
邮政编码 300051
联系电话 022-23332469
网　　址 http://www.tjrmcbs.com
电子邮箱 tjrmcbs@126.com

责任编辑 温欣欣
特约编辑 赵子源
产品经理 陈海滨
封面设计 程　佩

印　　刷 天津旭丰源印刷有限公司
经　　销 新华书店
开　　本 787×1092 毫米 1/32
印　　张 3.75
字　　数 60 千字
版次印次 2016 年 8 月第 1 版 2018 年 11 月第 3 次印刷
定　　价 32.00 元